| | |
|---|---|
| мәктәп - ụlọ akwụkwọ | 2 |
| сәяхәт - njem | 5 |
| транспорт - njem | 8 |
| шәһәр - obodo | 10 |
| ландшафт - odida obodo | 14 |
| ресторан - ụlọ oriri na ọnụnụ | 17 |
| супермаркет - ụlọ ahịa | 20 |
| эчемлекләр - ihe ọnụnụ | 22 |
| азык - nri | 23 |
| ферма - ugbo | 27 |
| йорт - ụlọ | 31 |
| кунак бүлмәсе - ime ụlọ ezumike | 33 |
| аш бүлмәсе - usekwu | 35 |
| ванна бүлмәсе - ụlọ ịsa ahụ | 38 |
| балалар бүлмәсе - ụlọ nwa | 42 |
| кием - uwe | 44 |
| офис - ụlọ ọrụ | 49 |
| икътисад - akụnụba | 51 |
| профессияләр - aka ọrụ | 53 |
| кораллар - ngwaọrụ | 56 |
| музыкаль инструментлар - ngwa egwu | 57 |
| зоопарк - zuu | 59 |
| спорт төрләре - egwuregwu | 62 |
| хәрәкәт - ihe omume | 63 |
| гаилә - ezinụlọ | 67 |
| тән - ahụ | 68 |
| хастаханә - ụlọ ọgwụ | 72 |
| кичектергесез хәл - mberede | 76 |
| җир - Ụwa | 77 |
| сәгать - elekere | 79 |
| атна - izu | 80 |
| ел - afọ | 81 |
| формалар - ụdị | 83 |
| төсләр - na agba | 84 |
| капма-каршылыклар - mmegide | 85 |
| саннар - nọmba | 88 |
| телләр - asụsụ | 90 |
| кем / нәрсә / ничек - onye / ihe / olee | 91 |
| кайда - ebee | 92 |

Impressum
Verlag: BABADADA GmbH, Nedderfeld 112 , 22529 Hamburg
Geschäftsführer / Verlagsleitung: Harald Hof
Druck: Books on Demand GmbH, In de Tarpen 42, 22848 Norderstedt

Imprint
Publisher: BABADADA GmbH, Nedderfeld 112 , 22529 Hamburg, Germany
Managing Director / Publishing direction: Harald Hof
Print: Books on Demand GmbH, In de Tarpen 42, 22848 Norderstedt, Germany

# мәктәп
# ụlọ akwụkwọ

- сыйныф бүлмәсе / n'ime ụlọ akwụkwọ
- бүлү / nkewa
- такта / obosara
- мәктәп ишегалдысы / ogige ụlọ akwụkwọ
- укытучы / onye nkuzi
- кәгазь / akwukwo
- язу / dee
- ручка / mkpịsị ode akwụkwọ
- язу өстәле / ...ebụl
- линейка / ngwaoru eji atu ihe osise
- китап / akwụkwọ
- укучы / nwa akwụkwọ

букча
akpa

пенал
akpa pensụl

кaләм
pensụl

кaләм очлагыч
nkọ pensụl

бетергеч
rọba

рәсем ясау өчен альбом
obosara ihe osise

рәсем
ihe osise

кисточка
ahịhịa agba

буяулар тартмасы
igbe agba

кайчы
mkpa

җилем
mmapa

дәфтәр
akwụkwọ mmega

өйгә эш
ọrụ omume ulo

сан
nọmba

кушу
tinye

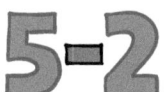

алу
wepụ

тапкырлау
ba uba

исәпләү
gbakọọ

хәреф
ozi

алфавит
abiichii

сүз
okwu

мәктәп - ụlọ akwụkwọ

| | | |
|---|---|---|
|  |  | 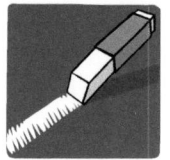 |
| текст<br>ederede | уку<br>gụọ | акбур<br>nzu |
|  | 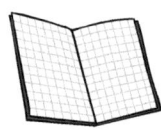 |  |
| дәрес<br>ihe mmụta | сыйныф журналы<br>deba aha | имтихан<br>ule |
|  |  |  |
| диплом<br>asambodo | мәктәп формасы<br>uwe ụlọ akwụkwọ | мәгариф<br>agumakwukwo |
|  |  |  |
| энциклопедия<br>akwụkwọ nkà ihe ọmụma | университет<br>mahadum | микроскоп<br>mikroskopu |
| 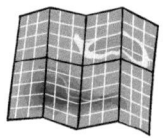 |  | |
| карта<br>maapụ | кәгазь өчен кәрҗин<br>nkata-ahihia | |

мәктәп - ụlọ akwụkwọ

# сәяхәт

# njem

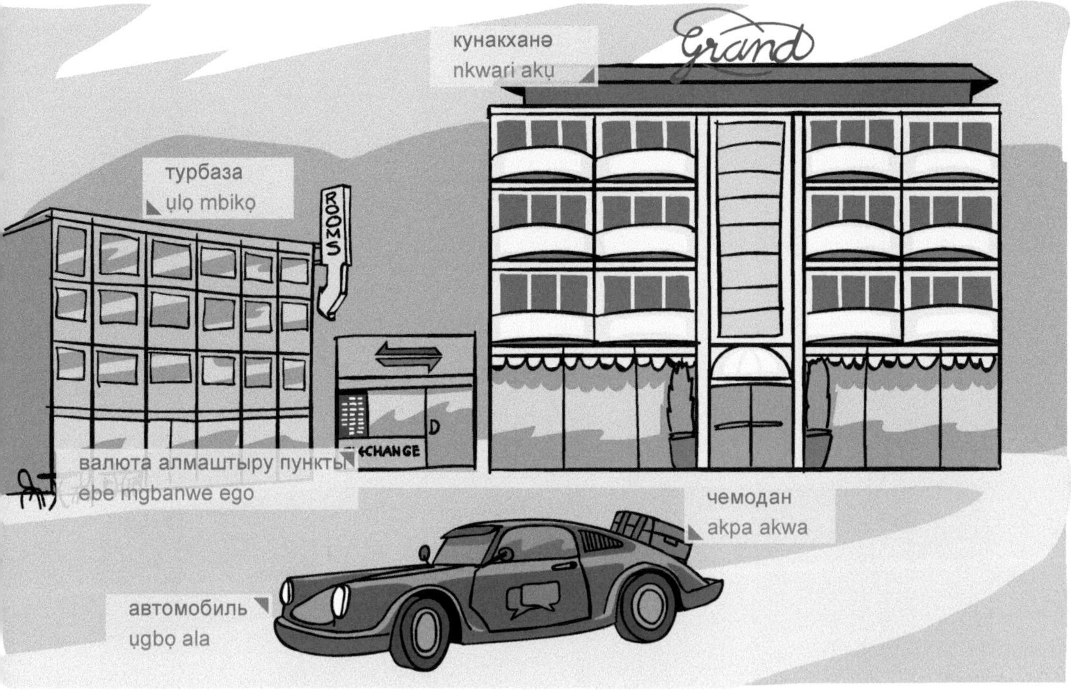

кунакханә
nkwari akụ
Grand
турбаза
ụlọ mbikọ
ROOMS
валюта алмаштыру пункты
ebe mgbanwe ego
EXCHANGE
чемодан
akpa akwa
автомобиль
ụgbọ ala


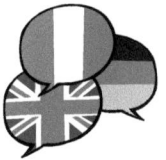

тел

asụsụ

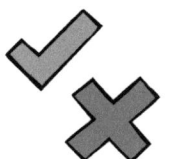

әйе / юк

ee / mba

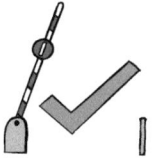

яхшы

Ọdịkwa mma

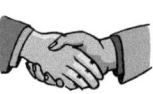

сәлам

nnọọ

тәрҗемәче

onye ntughari

Рәхмәт

Daalụ

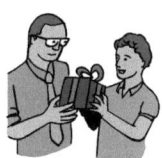

Күпме тора...?
ego ole bụ...?

Мин аңламыйм
Aghọtaghị m

проблема
nsogbu

Хәерле кич!
Mgbede ọma!

Хәерле иртә!
Ụtụtụ ọma!

Тыныч йокы!
Ka chifoo!

хушыгыз
ka ọ dị

юнәлеш
ntụziaka

багаж
ibu

букча
akpa

рюкзак
akpa azu

кунак
ọbịa

бүлмә
ime ụlọ

йоклар өчен капчык
akpa ụra

палатка
ụlọikwuu

сәяхәт - njem

туристик мәгълүмат

ozi njem nleta

пляж

osimiri

кредит картасы

kaadị akwụmụgwọ

иртәнге аш

nri ụtụtụ

төш

nri ehihie

кичке аш

nri abalị

билет

tiketi

лифт

mbuli

почта маркасы

stampụ

чик

ókè

таможня

ndị kọstọm

илчелек

ụlọ ọrụ nnọchite anya obodo

виза

visa

паспорт

paspọtụ

сәяхәт - njem

# транспорт
# njem

очкыч
ugboelu

кораб
ugbo mmiri

янгын автомобиле
oku ingin

автобус
bos

йөк машинасы
gwongworo

моторлы көймә
ugbo mmiri

велосипед
ogbatumtum

автомобиль
ugbo ala

паром
ugbo

көймә
ugbo mmiri

мотоцикл
ogba tum tum

полиция автомобиле
ugbo ala uwe ojii

узыш автомобиле
ugbo ala na-agba oso

вакытлыча алып торган автомобиль
ugbo ala mgbazinye

Автомобильләр белән уртак файдалану

nkekọrịta ụgbọ ala

буксирлау автомобиле

gwongworo

чүп ташучы

ụgbọala ntufu ahihia

двигатель

moto

ягулык

mmanụ ụgbọala

заправка

ebe ana ere mmanu

юл билгесе

akara okporo ụzọ

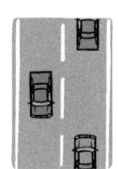

хәрәкәт

okporo ụzọ

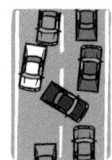

бөке

mkpọchị okporo ụzọ

автомобиль тукталышы

odu ụgbọ ala

вокзал

ọdụ ụgbọ oloko

рельслар

ụzọ

поезд

ụgbọ oloko

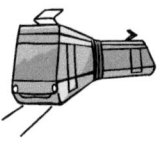

трамвай

ụgbọ oloko

вагон

ajụjụ

вертолет

helikopta

аэропорт

ọdụ ụgbọ elu

каланча

ụlọ elu

юлчы

onye njem

контейнер

akpa

тартма

katọn

арба

ụgbọ ibu

кәрзинкә

nkata

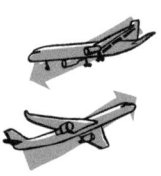

очу / җиргә төшү

gbapụ / ala

## шәһәр
## obodo

авыл

obodo

шәһәр үзәге

etiti obodo

йорт

ụlọ

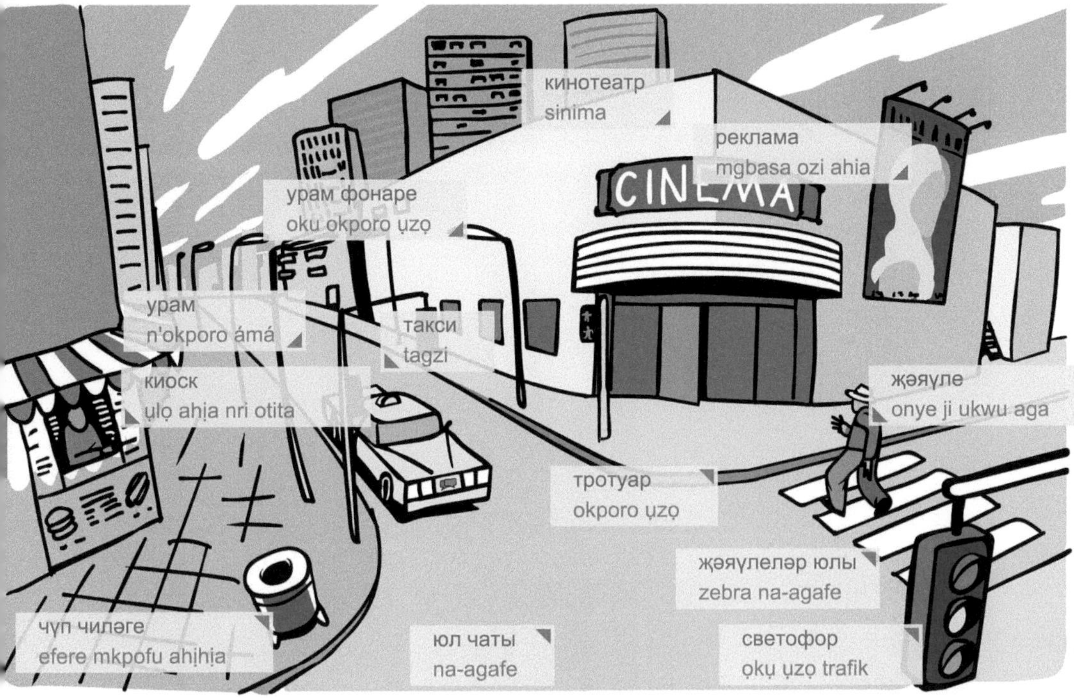

кинотеатр
sinima

реклама
mgbasa ozi ahia

урам фонаре
oku okporo ụzọ

урам
n'okporo ámá

такси
tagzi

киоск
ụlọ ahịa nri otita

җәяүле
onye ji ukwu aga

тротуар
okporo ụzọ

җәяүлеләр юлы
zebra na-agafe

чүп чиләге
efere mkpofu ahịhịa

юл чаты
na-agafe

светофор
ọkụ ụzọ trafik

алачык

obi

фатир

ohiha

вокзал

ọdụ ụgbọ oloko

ратуша

nnukwu ọnụ ụlọ obodo

музей

ihe ngosi nka

мәктәп

ụlọ akwụkwọ

шәһәр - obodo

университет

mahadum

банк

ụlọ akụ

хастаханә

ụlọ ọgwụ

кунакханә

nkwari akụ

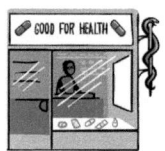

даруханә

ahịa ọgwụ

офис

ụlọ ọrụ

китап кибете

ụlọ ahịa akwụkwọ

кибет

ụlọ ahịa

чәчәк кибете

onye ore fulawa

супермаркет

ụlọ ahịa

базар

ahịa

универмаг

ngalaba ụlọ ahịa

балык кибете

onye azu

сәүдә үзәге

ụlọ ahịa

порт

ọdụ ụgbọ mmiri

шәһәр - obodo

парк
ogige

эскәмия
oche

күпер
akwa ngafe

баскыч
steepụ

метро
n'okpuruala

тоннель
ọwara

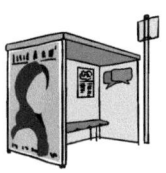

автобус тукталышы
ebe bọs na-akwụsị

бар
ụlọ mmanya

ресторан
ụlọ oriri na ọnụnụ

почта тартмасы
igbe akwụkwọ ozi

урам исеме язылган такта
akara okporo ụzọ

паркометр
igwe nnara ego ndọba ụgbọala

зоопарк
zuu

бассейн
ebe igwu mmiri

мәчет
ụlọ alakụba

шәһәр - obodo

ферма
ugbo

әйләнә-тирә мохитне пычрату
mmetọ

зират
ili

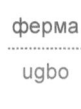

чиркәү
ụlọ ụka

балалар мәйданчыгы
ama egwuregwu

гыйбадәтханә
ụlọnsọ

# ландшафт
## odida obodo

- бит — akwụkwọ nri
- юл күрсәткече — akara
- юл — ụzọ
- болын — ahịhịa
- таш — nkume
- агач — osisi
- сәяхәтче — onye njem
- елга — osimiri
- үлән — ahịhịa
- чәчәк — ifuru

үзән
ndagwurugwu

тау
ugwu

күл
ọdọ mmiri

урман
ọhịa

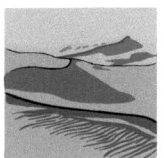

чүл
ọzara

вулкан
ugwu mgbawa

йозак
nnukwu ụlọ

салават күпере
eke mmiri

гөмбә
ero

пальма
nkwụ

черки
anwụnta

чебен
ofufe

кырмыска
agbeshi

корт
añụ

үрмәкүч
ududo

ландшафт - odida obodo

коңгыз — ahụhụ

бака — awọ

тиен — osa

керпе — oke ọhịa

куян — oke oyibo

ябалак — ikwiikwii

кош — nnụnụ

аккош — Agbanye

кабан дуңгызы — ezi ọhịa

болан — mgbada

поши — anụ ọhịa

буа — ihe mgbochi mmiri

 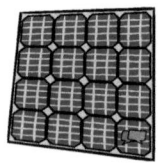 

җил генераторы — ikuku igwe

кояш батареясы — igwe anwụ

климат — ihu igwe

ландшафт - odida obodo

# ресторан
# ụlọ oriri na ọnụnụ

официант
onye na-ebu nri

меню
ndeputa nri

утыргыч
oche

пицца
pizza

аш
ofe

ашъяулык
ákwà tebụl

ашханә приборлары
ngaji na nma

кабымлык
mbịdo

төп ашамлык
isi nri

десерт
mmeju nri

эчемлекләр
ihe ọnụnụ

азык
nri

шешә
karama

фастфуд

nri ngwa ngwa

урам ризыгы

nri n'okporo ámá

чәйнек

ketulu tii

шикәр савыты

nnukwu efere shuga

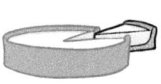

күләм

òkè

кофе кайнаткыч

igwe kofi

балалар урындыгы

oche dị elu

исәпләү

ụgwọ

поднос

efere obosara

пычак

nma

чәнечке

ndụdụ

кашык

ngaji

чәй кашыгы

ngaji tii

салфетка

akwụkwọ oche

стакан

iko

ресторан - ụlọ oriri na ọnụnụ

тәлинкә
efere

аш тәлинкәсе
efere ofe

чәй тәлинкәсе
efere ihendori

соус
ihendori

тоз савыты
ite nnu

борыч ваклагыч
igwe ose

серкә
mmanya gbara ụka

сыек май
mmanụ

тәмләткеч
ngwa nri

кетчуп
ihe ndori

горчица
mọstad

майонез
mayonezi

# супермаркет
# ụlọ ahịa

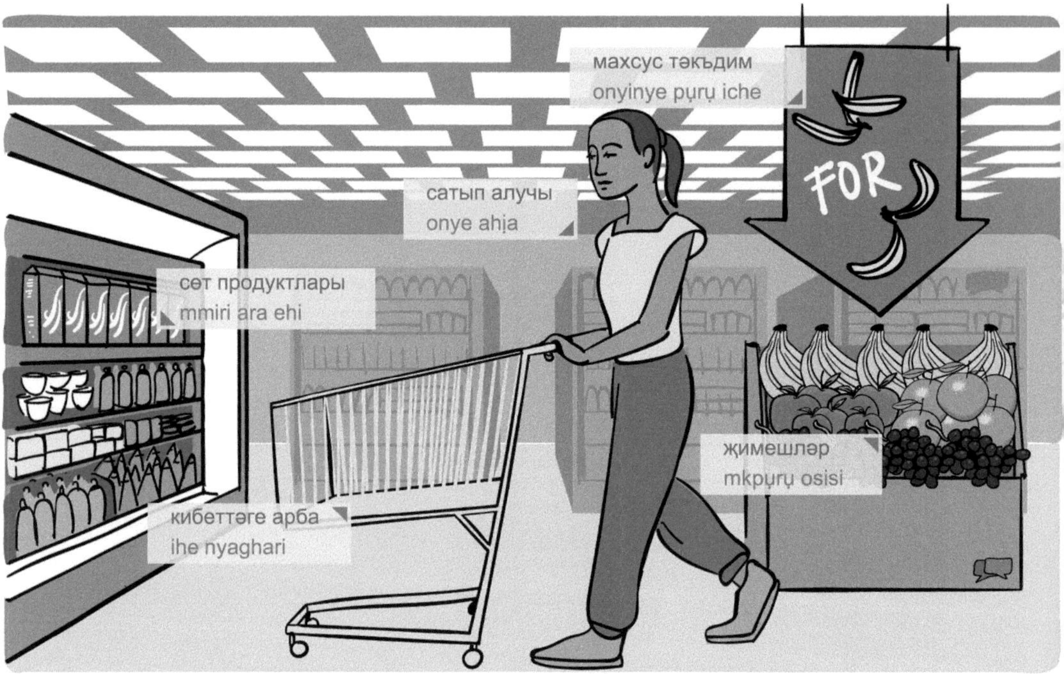

махсус тәкъдим
onyinye pụrụ iche

сатып алучы
onye ahịa

сөт продуктлары
mmiri ara ehi

жимешләр
mkpụrụ osisi

кибеттәге арба
ihe nyaghari

ит кибете

igbu anụ

икмәк пешерү йорты

onye ome achịcha

килү

tụọ

яшелчә

akwụkwọ nri

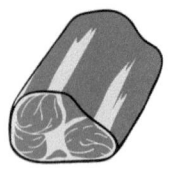

ит

anụ

туңдырылган продуктлар

nri oyi kpọnwụrụ

20  супермаркет - ụlọ ahịa

кисәкле ит

anụ oyi

консервалар

nri komkom

кер юу порошогы

ntụ ọsịsa

тәм-томнар

ihe ụtọ

көнкүреш җиһазлары

ngwaahịa ụlọ

юу әйбере

ngwaahịa nhicha

хатын-кыз сатучы

onye n'ere ahịa

касса

rue

кассир

onye okwu ugwo

сатып алган әйберләрнең исемлеге

ndepụta izụ ahịa

эш вакыты

awa mmepe

бумажник

obere akpa

кредит картасы

kaadị akwụmụgwọ

букча

akpa

полиэтилен пакет

akpa rọba

супермаркет - ụlọ ahịa

# эчемлекләр
# ihe ọṅụṅụ

су

mmiri

сок

ihe ọṅụọṅụ

сөт

mmiri ara

кока-кола

mmanya otobiri kooku

шәраб

mmanya

сыра

biya

хәмер

mmanya na egbu egbu

какао

koko

чәй

tii

кофе

kọfị

эспрессо

kofi

капучино

cappuccino

эчемлекләр - ihe ọṅụṅụ

# азык
## nri

банан
unere

алма
apụl

әфлисун
oroma

карбыз
egwusi

лимон
oroma nkịrịsị

кишер
karọt

сарымсак
galiki

бамбук
achara

суган
yabasị

гөмбә
ero

чикләвекләр
akụ

токмач
nri eriri

спагетти
spaghetti

дөге
osikapa

салат
nri ahihia

чипсы
ibe

кыздырылган бәрәңге
nduku eghere eghe

пицца
pizza

гамбургер
achịcha

сэндвич
sanwichi

котлет
anụ

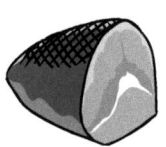
ветчина
apata ụkwụ ezi

салями
salami

сосиска
sọseeji

тавык
ọkụkọ

кыздырма
ihunuoku

балык
azụ

азык - nri

солы кисәкләре

nri ọka

мюсли

nri ututu

кукуруз кисәкләре

ọka

он

ntụ ọka

круассан

achịcha

булка

mpịakọta achịcha

икмәк

achịcha

тост

tost

печенье

biskit

май

bọta

эремчек

achịcha

пирог

achịcha

йомырка

akwa

йомырка тәбәсе

akwa eghere eghe

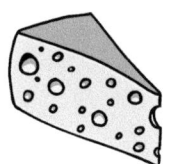

сыр

chiiz

туңдырма

ihe nracha

шикәр

shuga

бал

mmanụ aṅụ

кайнатма

jam

шоколадлы паста

gbasaa shuga

карри

kọrị

азык - nri

# ферма
# ugbo

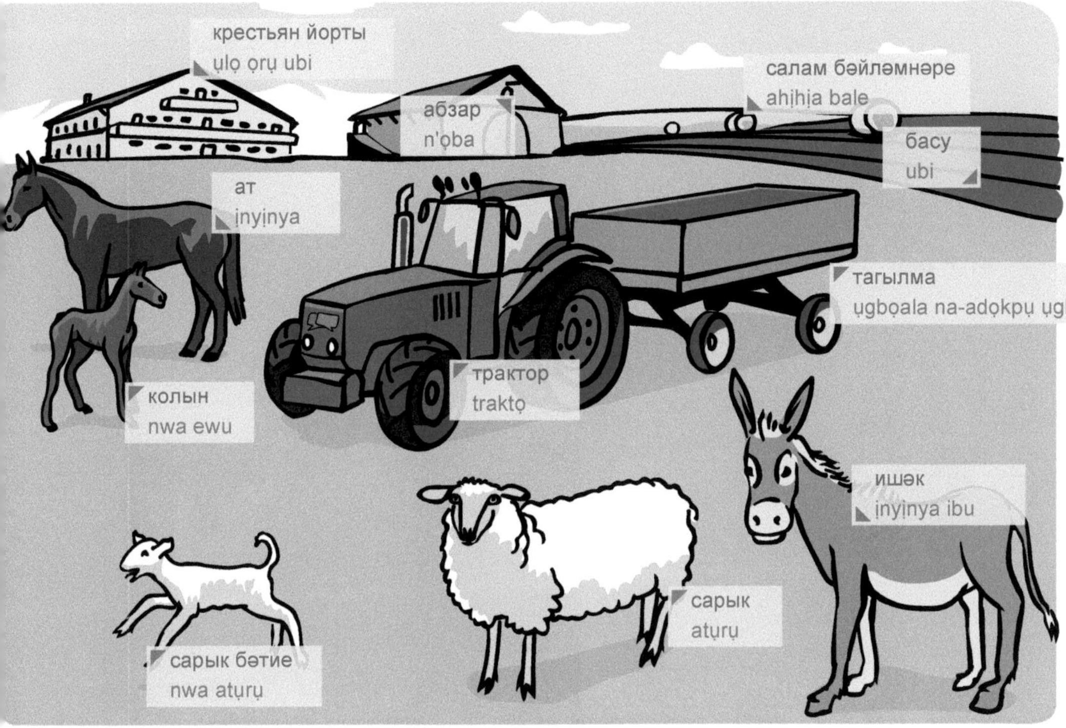

крестьян йорты
ulo orụ ubi

абзар
n'oba

салам бәйләмнәре
ahịhịa bale

басу
ubi

ат
ịnyịnya

тагылма
ụgbọala na-adọkpụ ụgbọ

колын
nwa ewu

трактор
traktọ

ишәк
ịnyịnya ibu

сарык
atụrụ

сарык бәтие
nwa atụrụ

кәҗә
mkpi

сыер
ehi

бозау
nwa ehi

дуңгыз
ezi

дуңгыз баласы
nwa ezi

үгез
ehi

каз
ọgazị

үрдәк
odoguma

чеби
nwa okuko

тавык
nne okuko

әтәч
oke ọkpa

күсе
oke

песи
pusi

тычкан
oke

эш үгезе
ehi

эт
nkịta

эт оясы
nkịta ụlọ

бакча шлангысы
paipu nhicha ogige

сусипкеч
iko mgbara mmiri

чалгы
scythe

сабан
ịkọ

ферма - ugbo

урак
mma ọhịa

китмән
ogu

тирес сәнәге
fọk ahihia

балта
anyu-ike

кул арбасы
wiilbaro

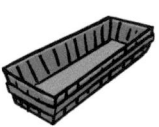

тагарак
ubi

сөт өчен бидон
komkom mmiri ara ehi

капчык
akpa

койма
ngere

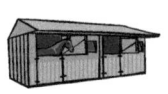

абзар
ụlọanụ

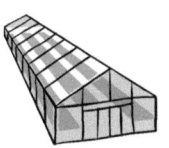

теплица
ulo glaasi

туфрак
ala

чәчү
mkpụrụ

ашлама
fatịlaịza

комбайн
njikọta ihe ubi

ферма - ugbo

уңыш җыю
owuwe ihe ubi

уңыш
owuwe ihe ubi

ямса
ji

бодай
ọka wit

соя
soya

бәрәңге
nduku

кукуруз
ọka

рапс
mkpụrụ osisi

җимеш агачы
osisi mkpụrụ osisi

маниок
akpu

иген
nri ọka

ферма - ugbo

# йорт
# ụlọ

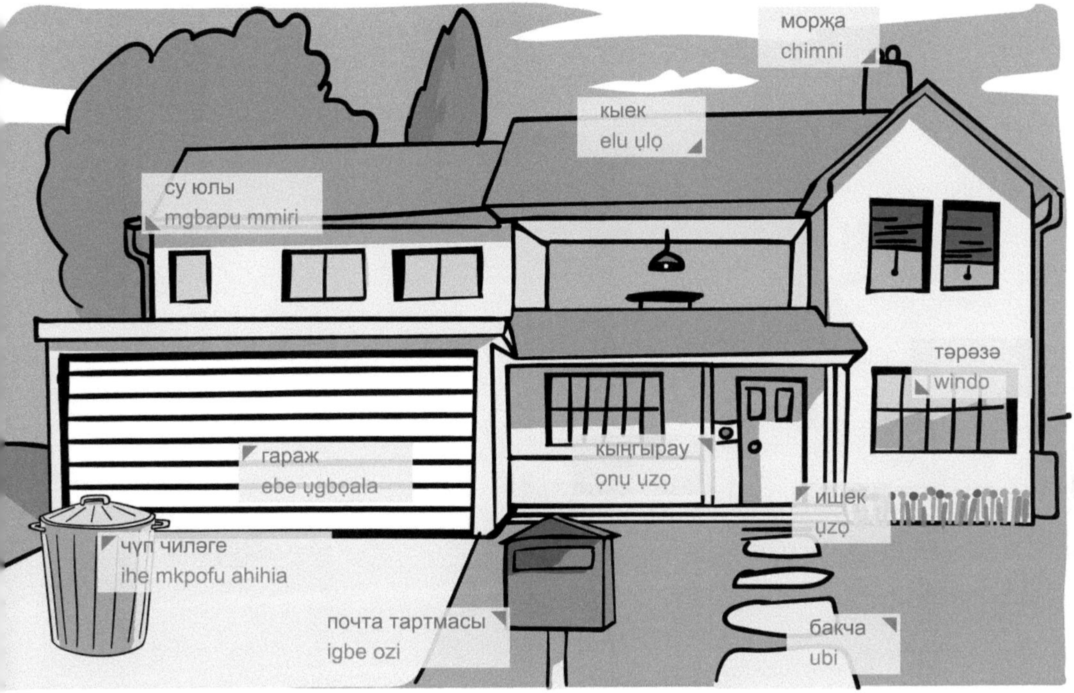

морҗа
chimni

кыек
elu ụlọ

су юлы
mgbapu mmiri

тәрәзә
windo

гараж
ebe ụgbọala

кыңгырау
ọnụ ụzọ

ишек
ụzọ

чүп чиләге
ihe mkpofu ahihia

почта тартмасы
igbe ozi

бакча
ubi

кунак бүлмәсе
ime ụlọ ezumike

ванна бүлмәсе
ụlọ ịsa ahụ

аш бүлмәсе
usekwu

йокы бүлмәсе
ime ụlọ

балалар бүлмәсе
ụlọ nwa

ашханә
ime ụlọ erimeri

йорт - ụlọ

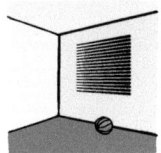

идән
ala

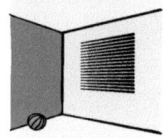

дивар
mgbidi

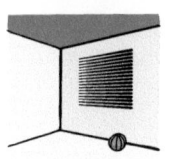

түшәм
uko ụlọ

баз
okpuru ụlọ

сауна
sawụna

балкон
ihu mbara

терраса
mbara ihu ulo

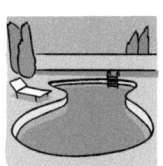

бассейн
ọdọ mmiri

газон чапкыч
igwe eji asụ ahịhịa

юрган аслыгы
mpempe akwụkwọ

япма
ihe ndina akwa

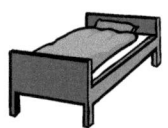

каравать
akwa ndina

себерке
aziza

чиләк
bọket

сүндергеч
mgba ọkụ

йорт - ụlọ

## кунак бүлмәсе
## ime ụlọ ezumike

- рәсем / foto
- обойлар / akwụkwọ ahụaja
- лампа / oriọna
- киштә / ụkọ
- шкаф / kọbọd
- камин / ekwú okụ
- телевизор / onyonyo
- чәчәк / ifuru
- мендәр / kwushin
- ваза / ite
- диван / sofa
- дистанцион идарә иту пульты / ime njikwa

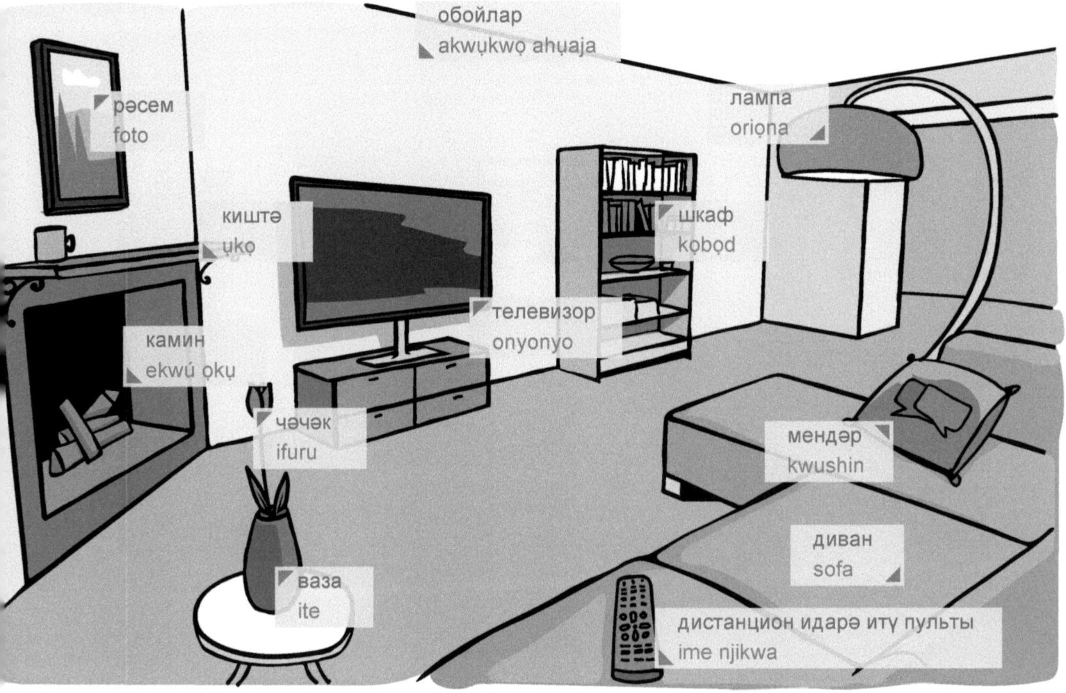

келәм
kapeeti

пәрдә
ákwà mgbochi

өстәл
tebụl

утыргыч
oche

тибрәткеч кәнәфи
mkpatụ oche

кәнәфи
oche

кунак бүлмәсе  -  ime ụlọ ezumike

китап
akwụkwọ

япма
akwa mkpuchi

бизәк
ihe ochicho mma

утын
nkụ

фильм
ihe nkiri

стереосистема
ngwa hi-fi

ачкыч
igodo

газета
akwụkwọ akụkọ

картина
eserese

плакат
posta

радио
redio

блокнот
akwụkwọ ozi

тузан суыргыч
igwe nhicha ala

кактус
kaktus

шәм
kandụl

кунак бүлмәсе - ime ụlọ ezumike

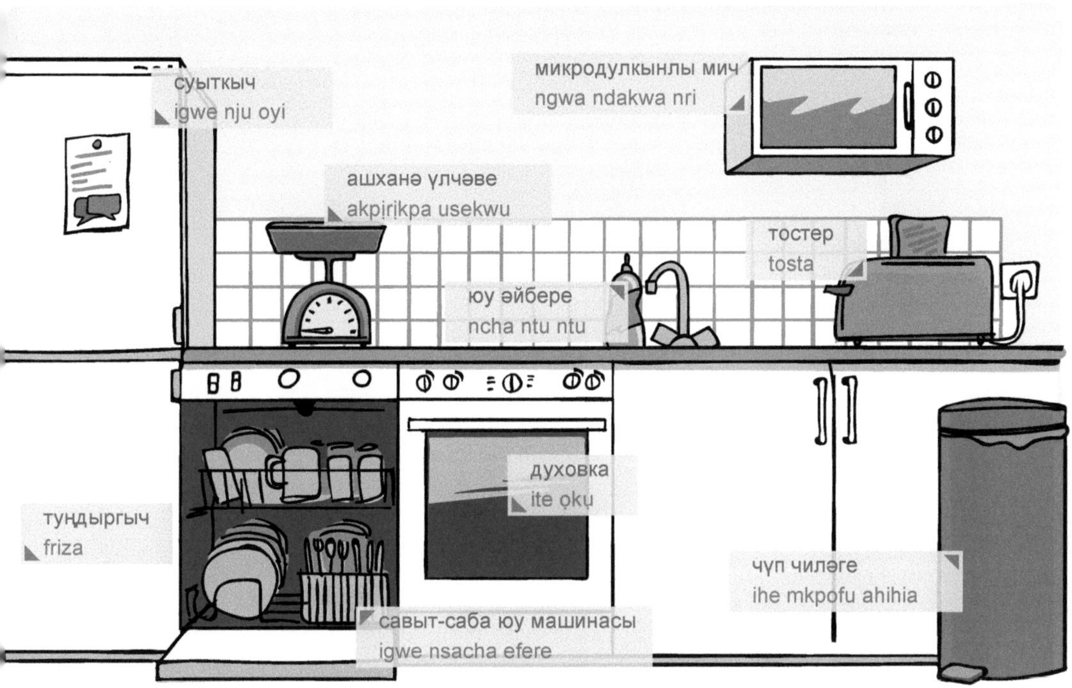

# аш бүлмәсе
# usekwu

суыткыч
igwe nju oyi

микродулкынлы мич
ngwa ndakwa nri

ашханә үлчәве
akpịrịkpa usekwu

тостер
tosta

юу әйбере
ncha ntu ntu

духовка
ite ọkụ

туңдыргыч
friza

чүп чиләге
ihe mkpofu ahihia

савыт-саба юу машинасы
igwe nsacha efere

плитә
osi ite

кәстрүл
ite

чуен казан
ite-igwe

вок / казан
wok / kadai

таба
ite mmanụ ọkụ

чәйнек
ketulu

парда пешергеч
ụzọkụ

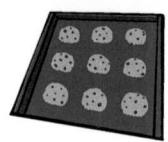

калай таба
efere nri

савыт-саба
ite mmiri

кружка
iko

җамаяк
nnukwu efere

таякчык
osisi

аш чүмече
ngazi

лопатка
ngazi mmanụ ọkụ

туглауыч
ntụgharị

иләк
nje

иләк
nyọ

кыргыч
nkwọ

төйгеч
ikwe

гриль
anụ mmịkpọ

учак
imeghe oku

аш бүлмәсе - usekwu

такта
bọọdụ ncha ihe

уклау
osisi mgbatị

бөке суыргыч
ihe mmeghe mmanya

калай банк
komkom

консерв ачу өчен пычак
ihe mmeghe komkom

элэктергеч
ite njide

раковина
efere nsacha

щётка
ihe nsa eze

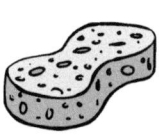

губка
ogbo

миксер
nkwori

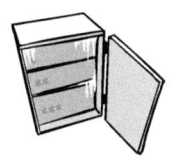

туңдыру камерасы
friza

ашату өчен шешә
karama nwa

кран
mkpọrụ mmiri

аш бүлмәсе - usekwu

# ванна бүлмәсе
## ụlọ ịsa ahụ

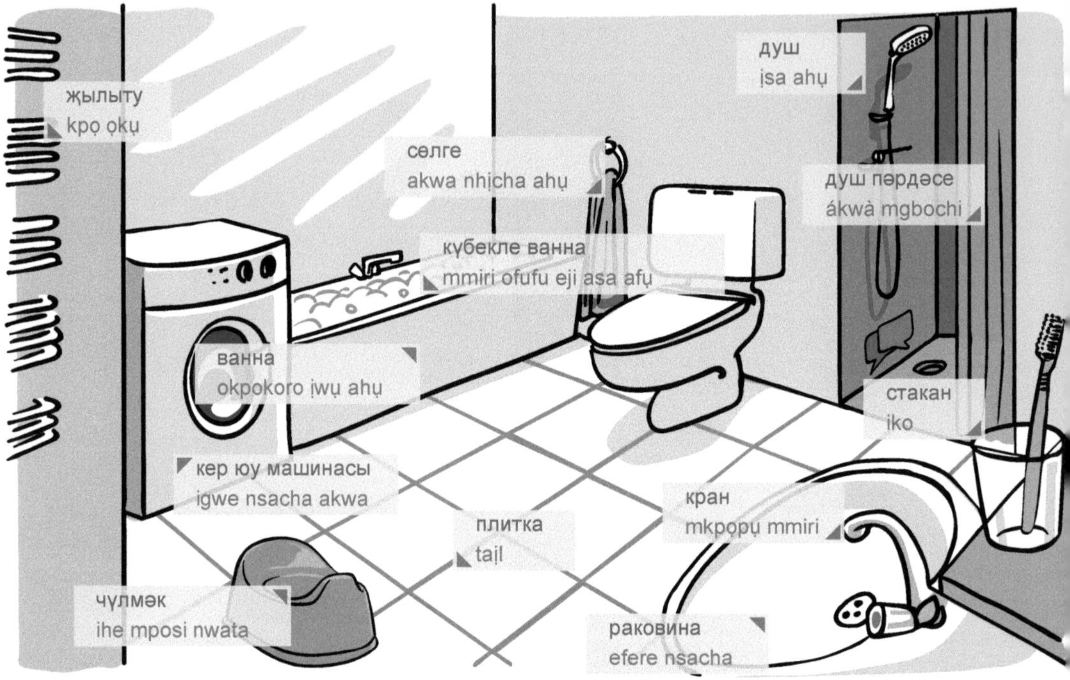

- җылыту — kpọ okụ
- душ — ịsa ahụ
- сөлге — akwa nhịcha ahụ
- душ пәрдәсе — ákwà mgbochi
- күбекле ванна — mmiri ofufu eji asa afụ
- ванна — okpokoro iwụ ahụ
- стакан — iko
- кер юу машинасы — igwe nsacha akwa
- кран — mkpọrụ mmiri
- плитка — taịl
- чүлмәк — ihe mposi nwata
- раковина — efere nsacha

| | | |
|---|---|---|
| бәдрәф | унитаз | биде |
| ụlọ mposi | mposi squat | basin eji asa ebe nzuzo ahu |
| писсуар | бәдрәф кәгазе | керпе кебек чистарткыч |
| ebe inyu mmamịrị oha | akwụkwọ mposi | ahihia ụlọ mposi |

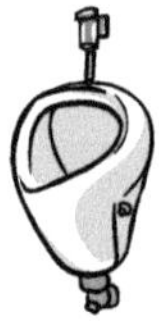

ванна бүлмәсе - ụlọ ịsa ahụ

теш щеткасы

brọsh

теш пастасы

ihe nhicha eze

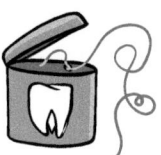

теш җебе

nhicha eze

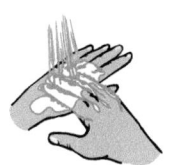

юу

saa

кул душы

ịsa aka

душ

isa mmiri showa

оча сөяге

nnukwu efere nsacha

аврка өчен щетка

agba ahịhịa eji ete penti

сабын

ncha

душ өчен гель

ncha mmiri nsa ahu

шампунь

ncha ntutu

мунчала

uwe ajiajuru

агым

mgbapu mmiri

крем

ude

дезодорант

senti

ванна бүлмәсе - ụlọ ịsa ahụ

көзге

enyo

кул көзгесе

enyo aka

пәке

rezo

кырыну өчен күбек

ụfụfụ ịkpụ afụ

Кырынаганнан соң кулланыла торган лосьон

mgbe emechara aji

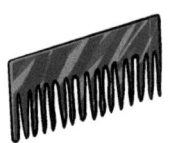

тарак

mbo

щётка

ahịhịa

фен

okponku ntutu

чәчләр лагы

Ihe mmiri ana agba na isi

косметика

ntecha

ирен буявы

mmanụ ọnụ

тырнаклар лагы

ntecha mbọ aka

мамык

owu

маникюр кайчысы

mkpa mbọ aka

хушбуй

senti

ванна бүлмәсе - ụlọ ịsa ahụ

косметика савыты
akpa uwe

урындык
oche

үлчәү
erikpu

халат
akwa towelu

резин перчаткалар
gloovu roba

тампон
ihe mkpuchi obara ogbugbua

гигиена җәймәсе
ihe mkpuchi nso nwanyi

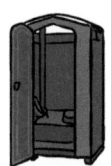
биотуалет
ụlọ mposi

ванна бүлмәсе - ụlọ ịsa ahụ

# балалар бүлмәсе
# ụlọ nwa

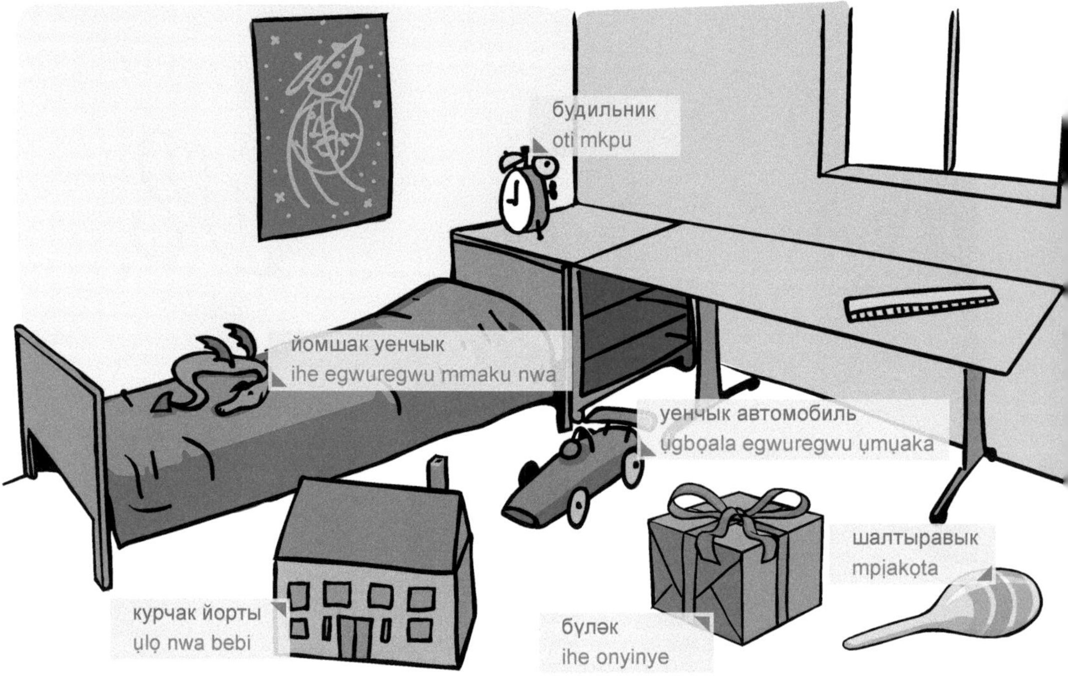

будильник
oti mkpu

йомшак уенчык
ihe egwuregwu mmaku nwa

уенчык автомобиль
ụgbọala egwuregwu ụmụaka

курчак йорты
ụlọ nwa bebi

бүләк
ihe onyinye

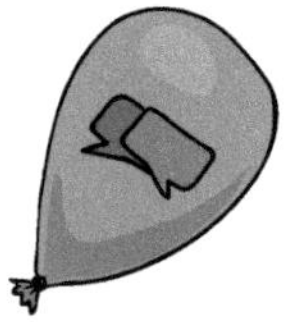

шалтыравык
mpiakọta

һава шары

balun

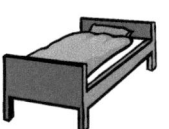

карават

akwa ndina

балалар коляскасы

ihe obu nwa

кәрт уены

oche kaadị

пазл

egwuregwu mgbagwoju anya

комикс

na-atọ ọchị

Лего кирпечекләре
lego brik

шакмак
ihe owuwu ụlọ

уенчык
ihe ngosi ọgụ

ползунки
utonwa

фрисби
ihe egwuregwu diski na efe efe

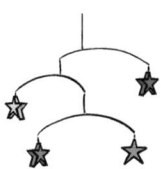

мобиль
mbughari

өстәл уены
bọọdụ egwuregwu

шакмак
dais

тимер юл моделе
nlereanya ụgbọ okporo ígwè

имезлек
ihe oyiri mmadu eji egosi akwa

кичә
otu

рәсемнәр белән бизәлгән китап
akwụkwọ foto

туп
bọọlụ

курчак
nwa bebi

уйнау
kpọọ

балалар бүлмәсе - ụlọ nwa

комлык
olulu aja

таган
janglova

уенчык
ihe egwuregwu gasi

уен приставкасы
ihe egwuregwu vidiyo

өч көпчәкле велосипед
ogbatumtum

плюш аю
ihe egwuregwu ụmụaka

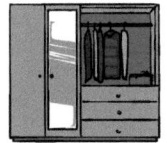

кием-салым шкафы
wodrobu

## кием
## uwe

оекбаш
sọks

оек
sọks

колготки
uwe ime ahu

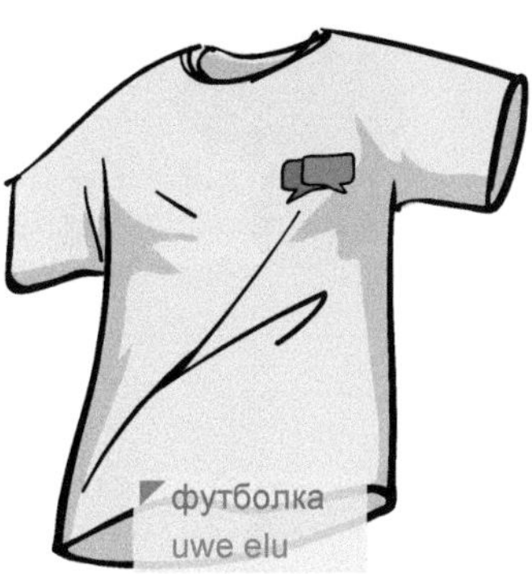

шарф
ichafụ

зонт
nche anwụ

футболка
uwe elu

каеш
eriri ukwu

итек
akpụkpọ ụkwụ

тапки
slipa

кроссовки
akpụkpọ ụkwụ njem

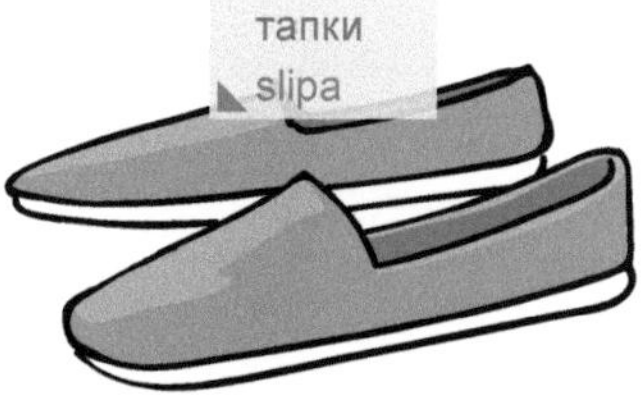

сандаллар
akpụkpọ ụkwụ

ботинкалар
akpụkpọ ụkwụ

резин итекләр
akpụkpọ ụkwụ roba

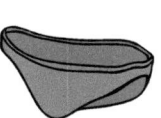

трусик
uwe ime ahu

бюстгальтер
efe ara

майка
uwe na enweghi aka

кием - uwe

боди
ahụ

чалбар
traụza

джинсы
trauza siri ike

итәк
sket

блузка
uwe elu nwanyị

күлмәк
uwe elu

свитер
akwa njuoyi eji isi eyi

свитер
uwe njuoyi

спорт курткасы
jakeeti

жакет
jakeeti

пәлтә
ochu oyi uwe elu

плащ
akwa mmiri

костюм
ekike

күлмәк
uwe ogologo

туй күлмәге
uwe agbamakwụkwọ

ирләр костюмы
uwe suutu

төнге эчке күлмәк
uwe abali̧

пижама
pajamas

сари
uwe umunwanyi Indian

яулык
mkpuchi isi

чалма
okpu

пәрәнҗә
akwa mkpuchi ihu

кафтан
uwe ogologo nwanyi

абайя
abaya

коену костюмы
akwa mmiri

плавки
uwe eji egwu mmiri

шорт
ni̧i̧ka

спорт костюмы
uwe mmega ahu̧

алъяпкыч
uwe nchekwa

перчаткалар
uwe aka

төймә
botinu

күзлек
ugegbe anya

беләзек
mgbaaka

чылбыр
eriri olu

балдак
mgbanaka

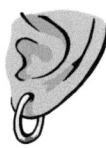

алка
ola nti

бүрек
okpu

элгеч
ihe nkowe uwe elu

эшләпә
okpu

галстук
tai

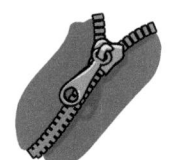

молния каптырмасы
nzichi

каска
okpu agha

подтяжка
ihe njide eze

мәктәп формасы
uwe ulo akwukwo

форма
mbonotu

балалар күкрәкчәсе

oghọ nri nwa

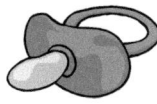

имезлек

ihe oyiri mmadu eji egosi akwa

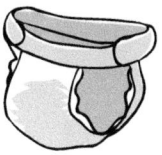

подгузник

akwa nwanye nwa

## офис
## ụlọ ọrụ

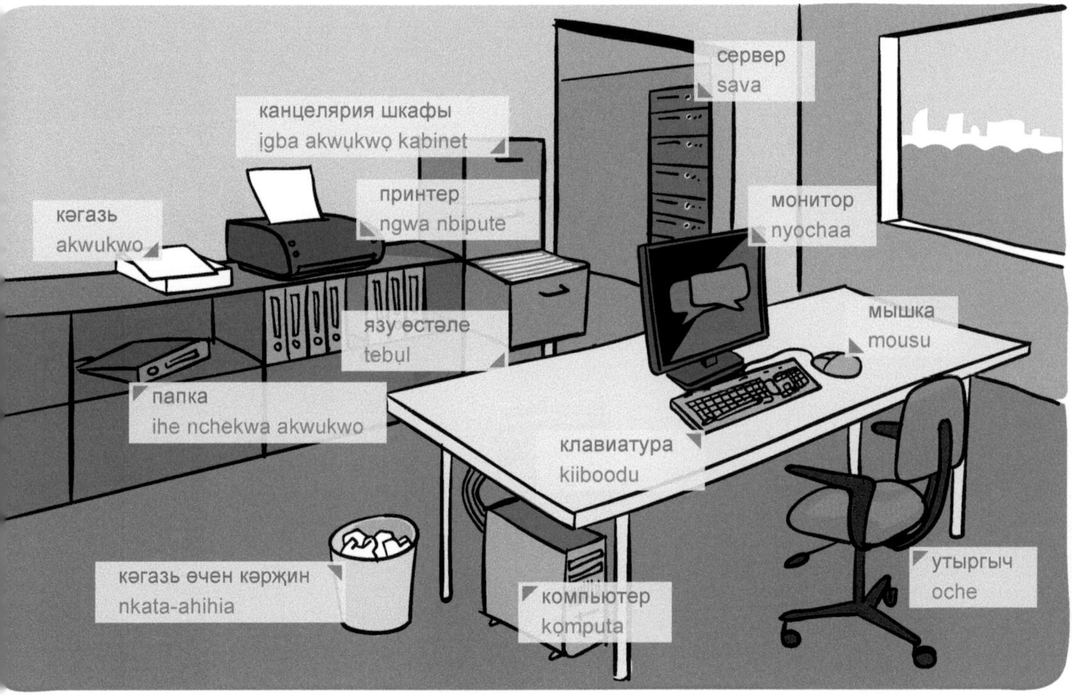

- сервер — sava
- канцелярия шкафы — igba akwụkwọ kabinet
- принтер — ngwa nbipute
- монитор — nyochaa
- кәгазь — akwukwo
- язу өстәле — tebụl
- мышка — mousu
- папка — ihe nchekwa akwukwo
- клавиатура — kiiboodu
- кәгазь өчен кәрҗин — nkata-ahihia
- компьютер — komputa
- утыргыч — oche

кофе кружкасы

iko kọfị

калькулятор

igwe mgbakọ

интернет

ịntaneti

ноутбук — laptọọpụ

хат — leta

хәбәр — ozi

кесә телефоны — mkpanaka

челтәр — netwọk

ксерокс — ihe mbiputa

программа — ngwanrọ

телефон — ekwentị

розетка — ebe nkwụnye

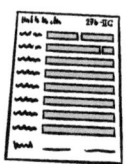

факс — igwe fax

формуляр — ụdị

документ — akwụkwọ

офис - ụlọ ọrụ

## икътисад
## akụnụba

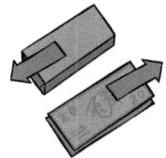

сатып алу

zụta

түләү

kwuo ugwo

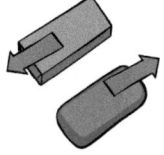

сәүдә

ahia

акча

ego

доллар

ego ndi Amerika

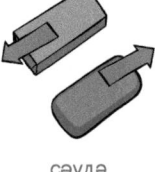

евро

ego ndi Eruopu

иена

ego ndi japanizi

сум

ego ndi Rusian

франк

Switzerland franc

жэньминьби юань

renminbi yuan

рупия

ego ndi Indian

банкомат

ebe akwụmụgwọ

валюта алмаштыру пункты
ebe mgbanwe ego

алтын
ọla edo

көмеш
ọlaọcha

җир мае
mmanụ

энергия
ume

бәя
ọnụahịa

килешү
nkwekọrịta

салым
ụtụ

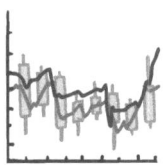

акция
ngwaahịa

эш
ọrụ

эшче
onye ọrụ

эш бирүче
onye were gị n'ọrụ

фабрика
ụlọ ọrụ mmeputa ngwahịa

кибет
ụlọ ahịa

икътисад - akụnụba

# профессиялэр
# aka ọrụ

полицейский
onye uwe ojii

янгын сүндерүче
onye mmenyu ọkụ

пешекче
esi nri

табиб
dibia bekee

очучы
ọkwọ ụgbọelu

бакчачы
onye na-elekọta ubi

агач остасы
ọkwa nkà

тегүче
akwa nwanyị

хаким
ọka ikpe

химик
kemist

актер
onye ome ihe nkiri

автобус йөртүче

ọkwọ ụgbọ ala

таксист

ọkwọ ụgbọ ala

балыкчы

onye ọkụ azụ

җыештыручы хатын

nwanyị nhicha

түбә ябучы

roofer

официант

onye na-ebu nri

аучы

dinta

рәссам

onye na-ese ihe

пешекче

onye osi ite

электрик

onye ndozi ọkụ eletrik

төзүче

onye na-ewu ụlọ

инженер

njinia

итче

onye na-egbu anụ

сантехник

plọmba

хат ташучы

onye ozi

профессияләр - aka ọrụ

солдат
onye agha

архитектор
onye na-ese ụkpụrụ ụlọ

кассир
onye okwu ugwo

чәчәкче
ore fulawa

парикмахер
onye na-edozi ntutu isi

кондуктор
kondokto

механик
onye n'arụzi ụgbọala

капитан
onyeisi

теш табибы
dibia bekee eze

галим
ọkà mmụta sayensị

раввин
rabaị

имам
imam

монах
mọnk

рухани
ụkọchukwu

профессияләр - aka ọrụ

# кораллар
## ngwaọrụ

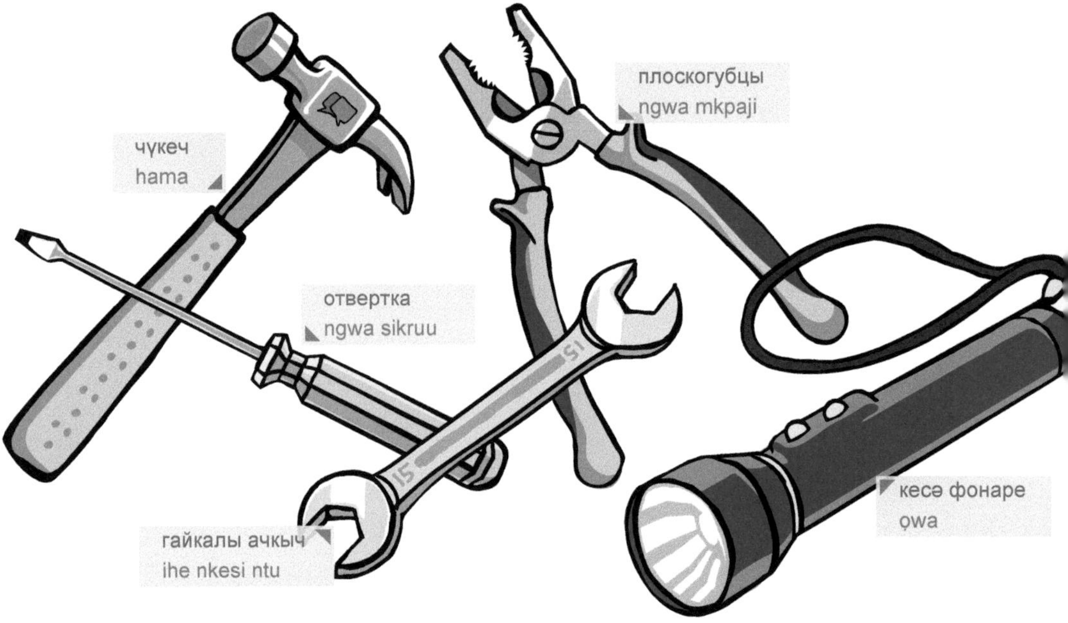

чүкеч
hama

плоскогубцы
ngwa mkpaji

отвертка
ngwa sikruu

кесә фонаре
ọwa

гайкалы ачкыч
ihe nkesi ntụ

экскаватор
igwu ala

инструментлар өчен тартма
igbe ngwaọrụ

баскыч
ubube

пычкы
nkwọ

кадаклар
mbọ

дрель
igwe mkpọrụ

төзәтү
mezie

көрәк
ihe eji egwu ala

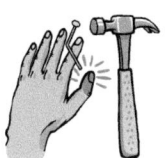

Шайтан алгыры!
Ụchụ!

соскы
efere ájá

савытлы буяу
ite agba

винтлар
ntu

## музыкаль инструментлар
### ngwa egwu

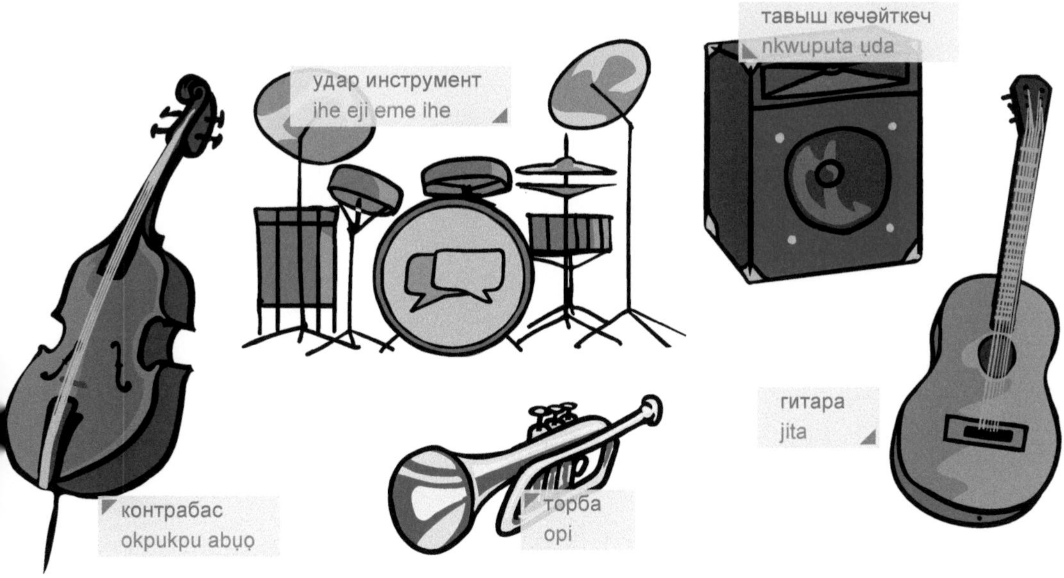

тавыш көчәйткеч
nkwuputa ụda

удар инструмент
ihe eji eme ihe

гитара
jita

контрабас
okpukpu abụọ

торба
opi

пианино

kiibọọdụ

скрипка

violin

бас-гитара

bass

литавра

timpani

барабан

ịgba

синтезатор

kiibọọdụ

саксофон

sasofone

флейта

ojà

микрофон

igwe okwu

музыкаль инструментлар - ngwa egwu

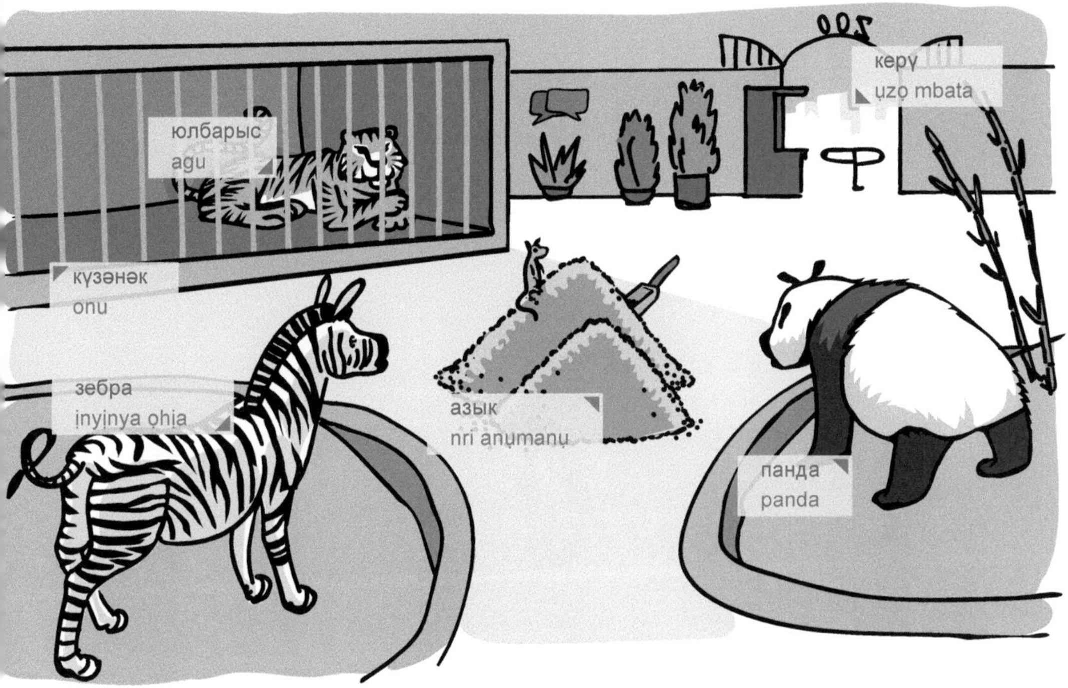

# зоопарк
# zuu

юлбарыс
agu

күзәнәк
onu

зебра
inyinya ohia

керү
uzo mbata

азык
nri anumanu

панда
panda

хайваннар

anumanu

фил

enyi

көнгерә

kangaruu

мөгезборын

rhino

горилла

ozodimgba

аю

anu ohia

дөя
kamel

тәвә кошы
enyí nnụnụ

арыслан
ọdụm

маймыл
enwe

фламинго
flamingo

тутый кош
icheku

ак аю
anụ ọhịa

пингвин
nnunu mmiri

акула
akụm

тавис
ekwuru ụlọ

елан
agwo

крокодил
agụ iyi

зоопарк хезмәткәре
onye na-elekọta zuu

тюлень
mechie

ягуар
agu

пони
iṅyiṅya

каплан
agụ owuru

су үгезе
anụ ọhịa

жираф
girraaf

бөркет
ugo

кабан дуңгызы
ezi ọhịa

балык
azụ

ташбака
mbe

морж
anụ mmiri

төлке
nkịta ọhịa

газәл
mgbada

# спорт төрләре
# egwuregwu

# хәрәкәт
# ihe omume

| | | |
|---|---|---|
| язу / dee | рәсем ясау / see | күрсәтү / gosi |
| басу / kwaa | бирү / nye | алу / nara |

сикерү / malie elu
кочаклау / mmakụ
көлү / chịa ọchị
бару / jee ije
җырлау / buo
гыйбадәт кылу / kpee ekpere
үбү / isusu ọnụ
хыяллану / nrọ

үзеңдә булдыру
nwee

эшләү
mee

булу
ịbụ

басып тору
guzoro

йөгерү
gbaa ọsọ

тарту
dọọ

ташлау
tufuo

егылу
daa

яту
ụgha

көтү
chere

йөртү
buru

утыру
nọdụ ala

кию
yi uwe

йоклау
hie ụra

уяну
kulie

хәрәкәт - ihe omume

карау
lee anya

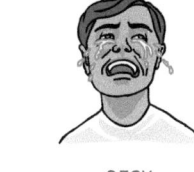
елау
tie mkpu

үтекләү
ọrịa strok

тарау
mbo

әйтү
kwuo

аңлау
ighọta

сорау
jụọ

тыңлау
gee ntị

эчү
ihe ọnụnụ

ашау
rie

тәртипкә китерү
dozie

сөю
ịhụnanya

әзерләү
isi nri

машинада бару
kwọọ

очу
ofufe

хәрәкәт - ihe omume

Җилкәндә йөрү

ụgbọ

исәпләү

gbakọọ

уку

gụọ

уку

na-amụta

эш

ọrụ

никахлашу

lụọ

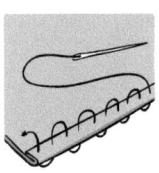

тегү

idu

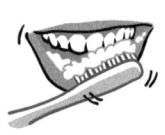

тешләрне чистарту

ahịhịa ezé

үтерү

gbue

тәмәке тарту

anwụrụ ọkụ

җибәрү

zipu

хәрәкәт - ihe omume

# гаилә
# ezinụlọ

әби — nne nne
бабай — nna nna
әти — nna
әни — nne
сабый — nwa
кыз — nwa nwanyị
ул — nwa nwoke

кунак
ọbịa

түти
nwanne nne/nna

абый
nwanne nna/nne

кардәш
nwanne

апа
nwanne

гаилә - ezinụlọ

# тән
# ahụ

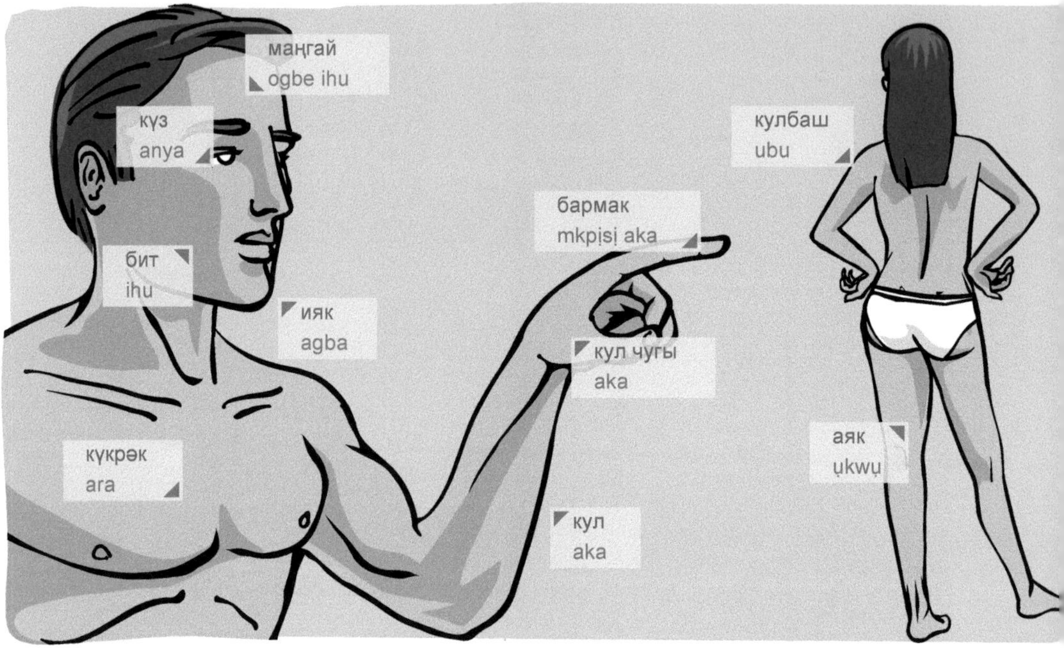

| | | |
|---|---|---|
| маңгай — ogbe ihu | | |
| күз — anya | | |
| бит — ihu | | |
| иңк — agba | | кулбаш — ubu |
| күкрәк — ara | бармак — mkpịsị aka | |
| | кул чугы — aka | аяк — ụkwụ |
| | кул — aka | |

сабый
nwa

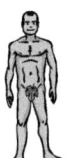

ир
nwoke

хатын
nwanyị

кыз
nwa nwanyị

малай
nwa nwoke

баш
ịsị

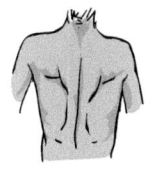

арка
azu

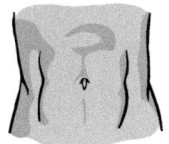

эч
afọ

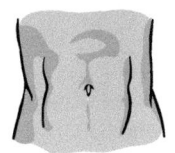

кендек
otubo

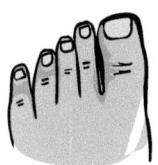

аяк бармагы
mkpisi ukwu

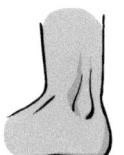

үкчә
ikiri ụkwụ

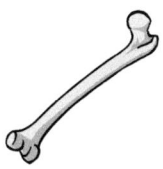

сөяк
ọkpụkpụ

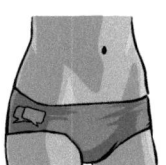

бот
ukwu

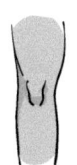

тез
ikpere

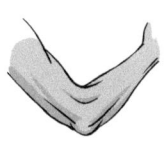

терсәк
ikpere aka

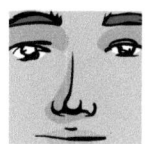

борын
imi

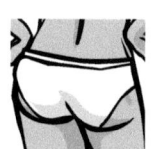

арт сан
ike

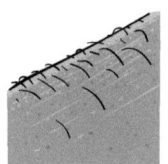

тире
akpụ kpọ ahụ

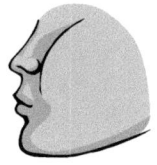

яңак
nti

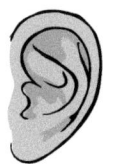

колак
ntị

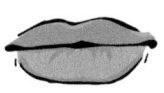

ирен
egbugbere ọnụ

тән - ahụ

авыз
ọnụ

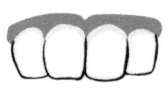

теш
eze

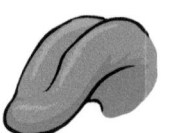

тел
ire

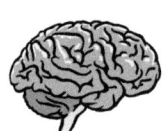

ми
ụbụrụ

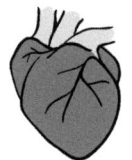

йөрәк
mkpụrụ obi

мускул
akwara

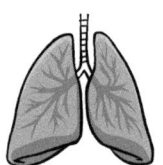

үпкәләр
akpa ume

бавыр
umeji

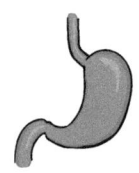

ашказан
afọ

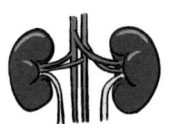

бөерләр
akụrụ

җенси акт
mmekọahụ

презерватив
kondom

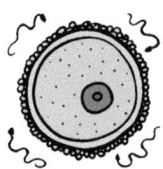

күкәйлек
akwa nwanyị

сперма
ọbara ọcha

көмәнлек
afọ ịme

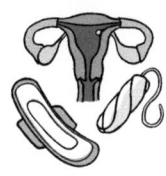

күрем

nsọ nwanyị

вагина

ọtụ

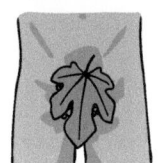

пенис

amụ

каш

nku anya

чәчләр

ntutu

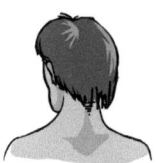

муен

olu

тән - ahụ

# хастаханә
# ụlọ ọgwụ

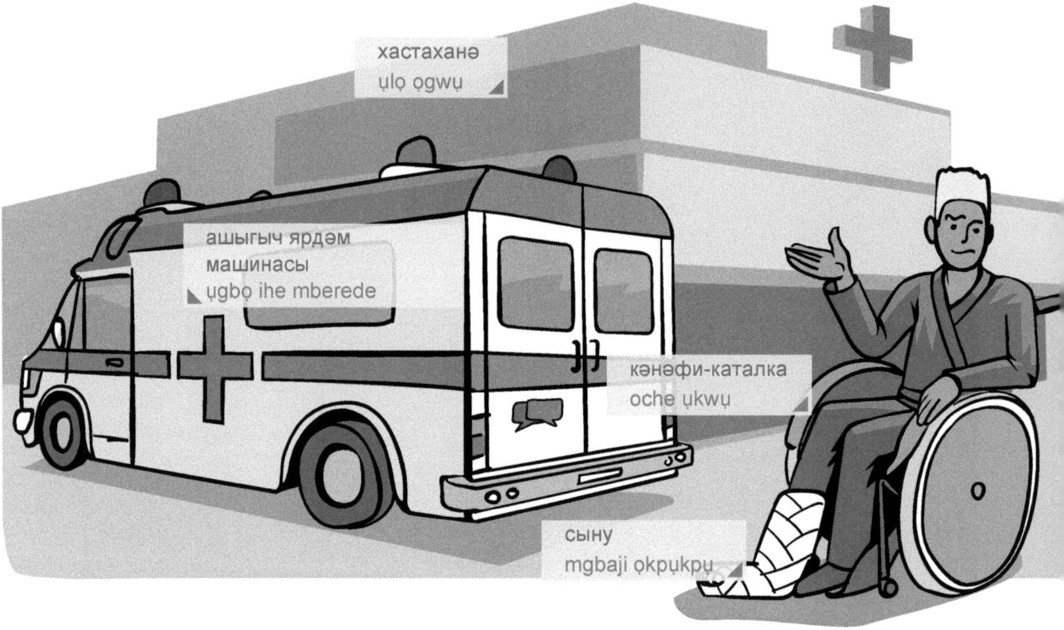

хастаханә
ụlọ ọgwụ

ашыгыч ярдәм машинасы
ụgbọ ihe mberede

кәнәфи-каталка
oche ụkwụ

сыну
mgbaji ọkpụkpụ

табиб
dibia bekee

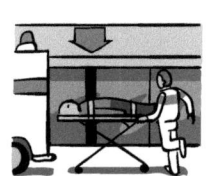

беренче ярдәм пункты
ụlọ mberede

шәфкать туташы
nọọsụ

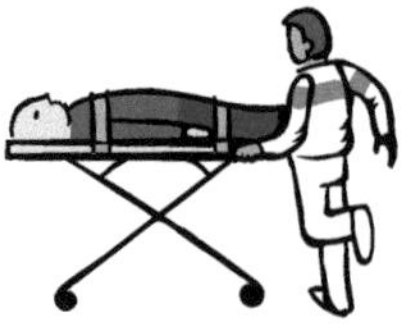

кичектергесез хәл
mberede

аңсыз
amaghị ihe ọ bụla

авырту
ụfụ

зыян килү
mmerụ ahụ

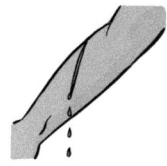

кан агу
agba ọbara

инфаркт
obi nkolopu

инсульт
ọrịa strok

аллергия
nke ahu anataghi

ютәл
ụkwara

югары температура
ahụ ọkụ

грипп
ọrịa flu

эч китү
afọ ọsịsa

баш авырту
isi ọwụwa

кысла
kansa

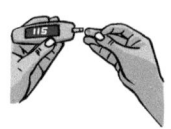

диабет
ọrịa shuga

хирург
dọkịta na-awa ahu

скальпель
mma eji awa ahụ

операция
ịwa ahụ

хастаханә - ụlọ ọgwụ

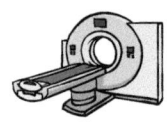
КТ
CT

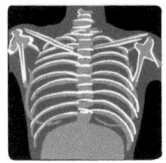
рентген
x-ree

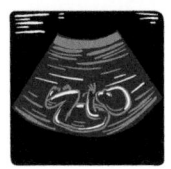
ультратавыш
nyocha ime ahu

битлек
nkpuchi ihu

авыру
ọrịa

кабул итү бүлмәсе
ebe nchekwa

култык таягы
mkpara

пластырь
nnyachi

бинт
bandeeji

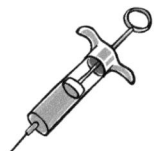
укол кадау
ọgwụ ọgbụgba

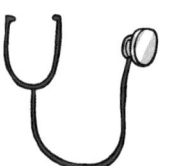
стетоскоп
stetoskop

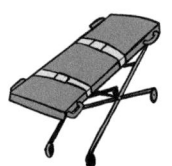
носилки
Igwe eji ibu mmadu

термометр
temometa ụlọgwụ

туу
omumu

артык авырлык
ibufe oke ibu

хастаханә - ụlọ ọgwụ

колак аппараты

enyemaka ịnụ ihe

йогышсызландыру чарасы

mmiri ọgwụ nje

инфекция

ọrịa nje

вирус

nje

ВИЧ / СПИД

Ọrịa HIV/AIDS

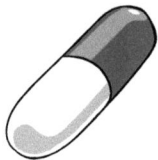

дару

ọgwụ

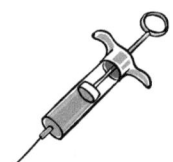

прививка

ịgba ọgwụ mgbochi ọrịa

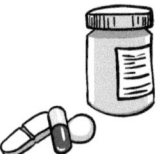

таблеткалар

mkpụrụ ọgwụ

балага узмас өчен таблетка

mkpụrụ ọgwụ

ашыгыч чакыру

oku mberede

кан басымын үлчәү өчен прибор

nyochaa ọbara mgbali

авыру / сәламәт

na-arịa ọrịa / ahụike

хастаханә - ụlọ ọgwụ

# кичектергесез хәл
## mberede

Ярдәм итегез!
Nyerem aka!

тревога сигналы
oti mkpu

һөҗүм итү
wakpo

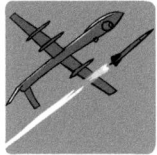
һөҗүм
ogụ

куркыныч
ihe egwu

запас чыгу урыны
ụzọ ọpụpụ mberede

Янгын!
Ọkụ!

ут сүндергеч
mmenyu ọkụ

каза
ọghọm

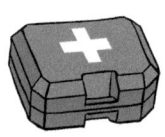
даруханә
akpa enyemaka mbụ

SOS
SOS

полиция
ndị uwe ojii

# җир
# Ụwa

Европа

Europe

Төньяк Америка

North Amerika

Көньяк Америка

South Amerika

Африка

Africa

Азия

Eshia

Австралия

Ọstrelia

Атлантик океан

Atlantic

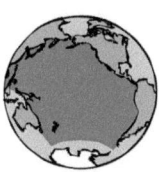

Тын океан

Pasifik

Һинд океаны

Oke Osimiri Indian

Антарктик океан

Oke Osimiri Antarctic

Төньяк Боз океаны

Oke Osimiri Arctic

Төньяк полюс

Ebe Ugwu

| Көньяк полюс | Антарктика | җир |
|---|---|---|
| Ebe Ọdịda anyanwu | Antarctica | Ụwa |

| коры җир | диңгез | утрау |
|---|---|---|
| ala | oké osimiri | agwaetiti |

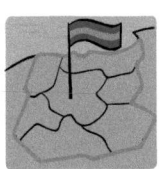 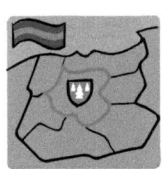

| милләт | дәүләт |
|---|---|
| mba | steeti |

җир - Ụwa

# сәгать
## elekere

сәгать циферблаты

ihu elekere

сәгать угы

aka awa

минут угы

aka nkeji

секунд угы

ihe ejigoro

Әле сәгать ничә?

Kedu ihe na-akụ?

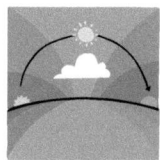

көн

ụbọchị

вакыт

oge

хәзер

ugbu a

электрон сәгать

elekere dijitalụ

минут

nkeji

сәгать

awa

# атна
## izu

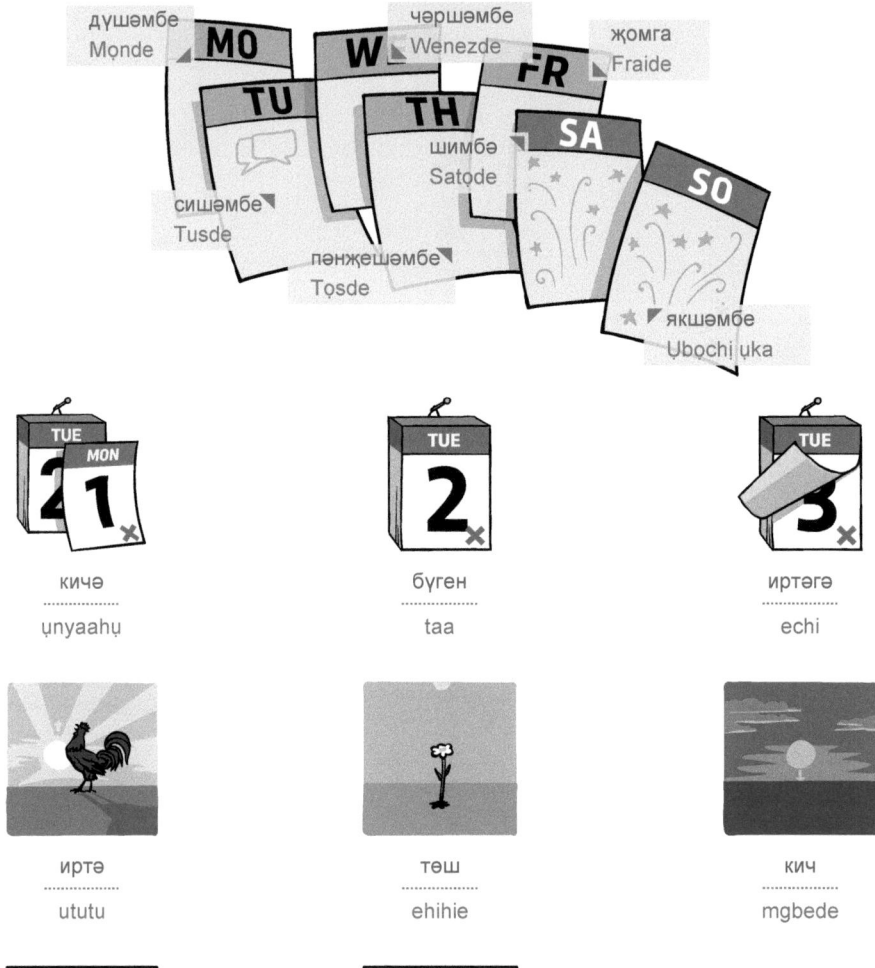

дүшәмбе / Monde / MO
чәршәмбе / Wenezde / W
җомга / Fraide / FR
TU
шимбә / Satode / TH
SA
сишәмбе / Tusde
пәнҗешәмбе / Tosde
SO
якшәмбе / Ubochi uka

кичә
ụnyaahụ

бүген
taa

иртәгә
echi

иртә
ututu

төш
ehihie

кич
mgbede

эш көннәре
ụbọchị azụmahịa

ял көннәре
izu ụka

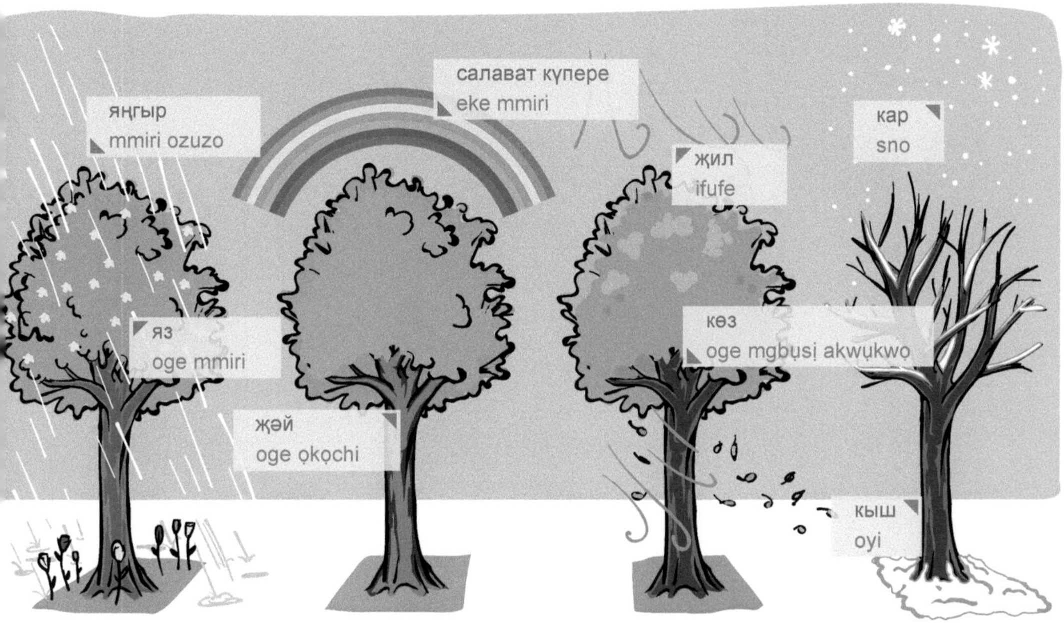

# ел
# afọ

яңгыр
mmiri ozuzo

салават күпере
eke mmiri

җил
ifufe

кар
sno

яз
oge mmiri

җәй
oge ọkọchi

көз
oge mgbụsị akwụkwọ

кыш
oyi

hава торышы
amụma ihu igwe

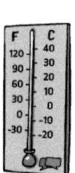

термометр
temometa

кояш яктысы
anwụ

болыт
igwe ojii

томан
foogu

дымлылык
iru mmiri

яшен
àmụmà

күк күкрәү
égbè eluigwe

давыл
oké mmiri ozuzo

боз
aki mmiri

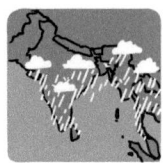

муссон
udu mmiri

су басу
ide mmiri

боз
aiz

гыйнвар
Jenụwarị

февраль
Febụwarị

март
Machị

апрель
Eprel

май
Mee

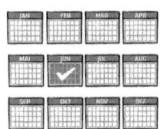

июнь
June

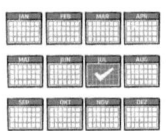

июль
Julaị

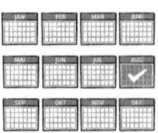

август
Ọgọst

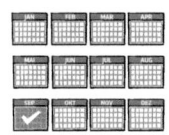

сентябрь

Septemba

октябрь

Oktọba

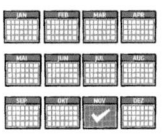

ноябрь

Nọvemba

декабрь

Disemba

## формалар
## ụdị

божра

okirikiri

квадрат

akuku anọ

турыпочмак

rektangulu

өчпочмак

akuku atọ

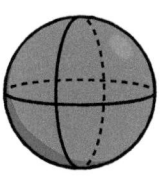

шар

okirikiri

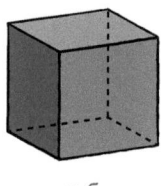

куб

igbe

# төсләр

## na agba

ак
acha ọcha

сары
acha edo edo

кызгылт сары
acha oroma

ал
acha pink

кызыл
acha uhie uhie

шәмәхә
acha odo odo

зәңгәр
acha anụnụ anụnụ

яшел
acha akwụkwọ ndụ

көрән
acha aja aja

соры
acha isi awọ

кара
eji oji

# капма-каршылыклар
## mmegide

күп / аз
otutu / ntakịrị

усал / тыныч
iwe / jụụ

матур / ямьсез
mara mma / jọrọ njọ

башы / ахыры
mbido / njedebe

зур / кечкенә
nnukwu / obere

якты / караңгы
na-enwu / ọchịchịrị

абый / эне
nwanne nwoke / nwanne nwanyị

чиста / пычрак
dị ọcha / unyi

тулы / тулы түгел
mezue / ezughi ezu

көн / төн
ụbọchị / abalị

үле / тере
nwụrụ anwụ / dị ndụ

киң / тар
obosara / warara

ашарга яраклы / ашарга яраксыз

oriri / erighị

явыз / яхшы

ọjọọ / obiọma

дулкынланган / сагынган

obi ụtọ / nkịtị gwụrụ

юан / ябык

abụba / mkpa

башта / азакта

mbụ / ikpeazụ

дус / дошман

enyị / iro

тулы / буш

juru eju / efu

каты / йомшак

ike / adụ

авыр / җиңел

arọ / mfe

ачлык / сусау

agụụ / akpịrị ịkpọ nkụ

авыру / сәламәт

na-arịa ọrịa / ahụike

хокуксыз / хокуклы

n'uzo na ezighi ezi / iwu

акыллы / акылсыз

onye nwere ọgụgụ isi / onye nzuzu

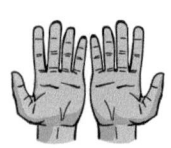

сулдан / уңнан

aka ekpe / aka nri

якын / ерак

dị nso / tere anya

яңа / тотылган
ọhụrụ / jiri

бер нәрсә дә / нәрсәдер
enweghi ihe / enwere ihe

өлкән / яшь
agadi / nwata

тоташтырылган / сүндерелгән
gbanye / gbanyụọ

ачык / ябык
mepe / mechie

әкрен / кычкырып
juu / dara ụda

бай / ярлы
ọgaranya / ogbenye

дөрес / дөрес түгел
ziei ezi / ezighi ezi

кытыршы / шома
siri ike / larịị

моңсу / бәхетле
mwute / obi ụtọ

кыска / озын
mkpụmkpụ / ogologo

җай / тиз
nwayọọ / ngwa ngwa

дымлы / коры
dị mmiri / kpọrọ nkụ

җылы / салкын
na-ekpo ọkụ / dị juu

сугыш / тынычлык
agha / udo

капма-каршылыклар - mmegide

## саннар
## nọmba

**0** ноль — efu

**1** бер — otu

**2** ике — abụọ

**3** өч — atọ

**4** дүрт — anọ

**5** биш — ise

**6** алты — isii

**7** җиде — asaa

**8** сигез — asatọ

**9** тугыз — itolu

**10** ун — iri

**11** унбер — iri na otu

## 12
уннике
iri na abụọ

## 13
унөч
iri na atọ

## 14
ундүрт
iri na anọ

## 15
унбиш
iri na ise

## 16
уналты
iri na isii

## 17
унҗиде
iri na asaa

## 18
унсигез
iri na asatọ

## 19
унтугыз
iri na itoolu

## 20
егерме
iri abụọ

## 100
йөз
narị

## 1.000
мең
puku

## 1.000.000
миллион
nde

саннар - nọmba

# телләр
## asụsụ

инглизчә

Bekee

американча инглиз

Asụsụ Bekee

мандаринча Кытай

Asụsụ ndị China

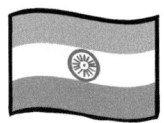

һинди

Asụsụ ndị Hindi

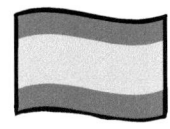

испан

Asụsụ ndị Spain

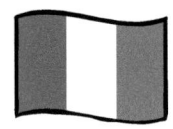

француз

Asụsụ ndị France

гарәп

Asụsụ ndị Arab

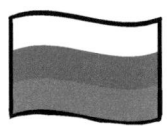

рус

Asụsụ ndị Russia

португал

Asụsụ ndị Portugal

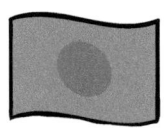

бенгал

Asụsụ ndị Bengal

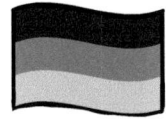

алман

Asụsụ ndị German

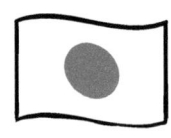

япон

Asụsụ ndị Japan

## кем / нәрсә / ничек
## onye / ihe / olee

мин
M

син
gi

ул / ул / ул
ya / ya / ya

без
anyį

сез
gi

алар
ha

кем?
onye?

нәрсә?
ginį?

ничек?
kedu?

кайда?
ebe?

кайчан?
mgbe ole?

исем
aha

# кайда
## ebee

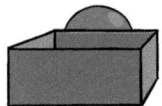

артта

n'azụ

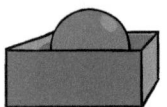

эчендә

n'ime

алда

n'ihu

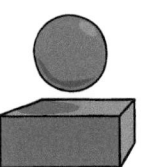

өстендә

gafee

өстенә

na

астында

n'okpuru

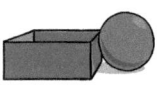

янәшә

n'akụkụ

арасында

n'etiti

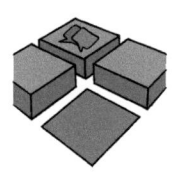

урын

ebe